LA FINANZA ISLAMICA

- 0 -

"O voi che credete, non cibatevi dell'usura che
aumenta di doppio in doppio"
(Corano, Al Imran, 130)

INDICE

Introduzione

Un sistema finanziario svolge principalmente tre funzioni nell'economia di un Paese: gestisce le operazioni del sistema dei pagamenti, si occupa della raccolta di risorse finanziarie e dell'allocazione del risparmio. Attraverso un'efficiente allocazione delle risorse e gestione del rischio, il settore finanziario può positivamente influenzare l'intera economia.

In questo il sistema finanziario indiano si trova in una fase di transizione nella direzione di un sistema paragonabile a quello dei Paesi moderni. E' possibile suddividere la recente evoluzione del sistema finanziario indiano in due fasi principali.[1] La prima caratterizzata dal prevalere della pianificazione centralizzata e del protezionismo, ed ha visto il governo indiano nazionalizzare le maggiori banche private. Il sistema finanziario indiano è stato caratterizzato da un profondo dirigismo e da una regolamentazione dettagliata, attraverso degli obblighi di finanziamento di determinati settori considerati prioritari con obblighi di riserva e liquidità particolarmente onerosi che hanno ridotto l'indipendenza operativa e la competitività delle banche. La seconda fase ha favorito la liberalizzazione finanziaria, la concorrenza e l'autonomia delle banche. Il sistema finanziario indiano è tipico di una "economia mista" senza controllo completo del governo.[2]

Il sistema finanziario islamico è differente da quello indiano. E' la Shari'a che fornisce la sua ispirazione, i suoi principi di base e la sua concezione del mondo degli affari.[3]

---

[1] Chiarlone S., Ferri G.,(2007), *I sistemi bancari dei paesi emergenti*, Bancaria Editrice, Roma.
[2] Vaghi M. (2011), *Dall'Asia centrale agli Oceani. La politica indiana fra sicurezza e sviluppo economico*, Milano.
[3] Iqbal Z., Mirakhor A. (2013), *An introduction to Islamic Finance Theory and Practice*, Wiley Finance, Singapore.

Negli ultimi anni la finanza islamica è divenuta sia un'area le cui dimensioni sono cresciute enormemente fino a costituire un segmento considerevole dei mercati finanziari globali, sia un importante modello alternativo di intermediazione finanziaria.

La finanza islamica si basa su un modello d'intermediazione bancaria a tasso zero[4]. Un ruolo importante è costituito dalle banche per la loro intermediazione nella raccolta del risparmio e nel finanziamento di progetti. L'appello pubblico al risparmio passa attraverso il mercato dei Sukūk, a scadenza fissa, che generano flussi finanziari che permettono la remunerazione dei loro possessori. Il risparmio dei privati è determinato da un'offerta crescente di fondi d'investimento islamici[5], che misura i risultati dei titoli di partecipazione conformi ai principi della Shari'a di società a grande e media capitalizzazione in mercati emergenti dei seguenti paesi: Brasile, Cile, Cina, Colombia, Corea del Sud, Egitto, Filippine, Grecia, India, Indonesia, Malesia, Messico, Perù, Polonia, Qatar, Repubblica Ceca, Russia, Sudafrica, Taiwan, Thailandia, Turchia, Ungheria ed Emirati Arabi Uniti.

---

[4] Hayat R., Kraeussl R. (2011), *Risk and return characteristics of Islamic equity funds*, in Emerging Markets Review vol.12.

[5] https://www.ishares.com/ch/individual/fr/literature/kiid/kiid-ir-ishii-ishares-msci-emerging-markets-islamic-ucits-etf-ch-ie00b27ycp72-it.pdf?siteEntryPassthrough=true,2015.

1. L'influenza del sistema finanziario sulle crescite nei paesi emergenti e le politiche economiche che promuovono lo sviluppo dei sistemi finanziari.

L'attenzione alla questione delle politiche economiche che promuovono lo sviluppo dei sistemi finanziari[6] è esplosa con particolare riferimento all'esperienza dei paesi emergenti a rapido sviluppo. I modelli sono stati sottoposti ad ampie verifiche e conducono a tre principali conclusioni:

1. I Paesi come Brasile, Russia, India, Cina, Singapore e Taiwan tendono a crescere più rapidamente.

2. Questa associazione non riflette tuttavia una mera simultaneità tra finanza e crescita.

3. I sistemi finanziari che funzionano meglio facilitano il superamento del vincolo finanziario esterno, che può impedire la crescita dell'impresa e promuovono l'efficiente allocazione delle risorse nel tempo e nello spazio.

Il rapporto causale tra finanza e crescita economica può essere sviluppato all'interno dei modelli di sviluppo endogeno. Sulla base delle considerazioni svolte circa le funzioni del sistema finanziario, l'intermediazione diminuisce i costi di informazione, di transazione e riduce e rialloca i rischi. Essa può influenzare la crescita economica attraverso due canali principali:

- La produttività;

- La formazione efficiente del capitale.

Con riferimento al primo canale, il sistema finanziario, nella sua ampia articolazione in intermediari, mercati, strumenti e regole, facilita la gestione dei rischi, seleziona i progetti di investimento più fecondi, opera il monitoraggio delegato sulle imprese e sul management, facilita la disseminazione delle regole di governo di

---

[6] https://*www.bancaditalia.it/media/notizia/un-sistema-finanziario-per-la-crescita* intervento di Fabio Panetta,2013

impresa, permette gli scambi di beni e servizi e il loro finanziamento. Il sistema finanziario promuove l'allocazione efficiente del capitale, facilita lo scambio di beni e servizi e contribuisce pertanto all'incremento della produttività totale dei fattori.

Per quanto concerne il secondo canale, l'efficienza dell'intermediazione riduce la rendita finanziaria e aumenta la propensione al risparmio delle famiglie, che viene convertito in investimenti produttivi[7].

[7] Chow G. C., (2012) *Economic Reform And Growth In China*, Annals Of Economics And Finance.

2. Un sistema finanziario per la crescita

Il sistema finanziario può essere definito come l'insieme dei mercati, degli intermediari e degli strumenti finanziari di un'economia.[8] Esso rappresenta la struttura attraverso cui, in una economia di mercato, si svolge l'attività scambio di risorse finanziarie attraverso la produzione e l'offerta di servizi finanziari. Secondo la letteratura economica tradizionale il sistema finanziario assolve a tre funzioni di fondamentale importanza in un'economia di mercato:

a) La mobilitazione del risparmio.

b) La diversificazione del rischio.

c) La produzione di informazione circa la qualità delle opportunità di investimento produttivo disponibili.

Alla luce di quanto sopra non sfugge che il sistema finanziario esercita un importante impatto sulla accumulazione del risparmio ed il finanziamento degli investimenti.

La mobilitazione del risparmio consiste nel trasferimento di risorse finanziarie dalle unità in surplus a quelle in deficit. In assenza della funzione di mobilizzazione delle risorse, si assisterebbe alla ricerca diretta, da parte dell'unità in surplus, di un potenziale utilizzatore di fondi che abbia esigenze, di importo e di tempo, uguali e opposte. Le conseguenze di una simile situazione sono immaginabili, in quanto vi è la necessità di effettuare il non facile matching di importi e scadenze, secondariamente ma non per importanza, si dovrebbero affrontare costi di ricerca altissimi e l'eventuale incertezza a essi associata. Il sistema finanziario, attraverso la funzione di trasferimento delle risorse, realizza un accentramento delle risorse

---

[8] Sloman J., Garrat D.,(2011) *Elementi di economia,* Il Mulino.

provenienti da una moltitudine di risparmiatori e la redistribuzione delle stesse tra i diversi possibili utilizzatori. Le modalità in cui il trasferimento delle risorse delle unità in surplus a quelle in deficit può avvenire attraverso:

- Un circuito finanziario diretto: in cui prevalgono le negoziazioni di mercato, tipico dei sistemi finanziari tradizionali.

- Un circuito finanziario indiretto: in cui prevalgono le negoziazioni di soggetti che svolgono il ruolo di intermediari tra le due categorie.

La diversificazione o trasformazione del rischio è la seconda funzione. Nonostante l'informazione, comunque incompleta, e la scrittura di contratti impegnativi per il debitore, i creditori più avversi al rischio possono ritenere non finanziabile la parte più rischiosa dei prenditori dei fondi. Questo significa che i mutuatari possono preferire strumenti di finanziamento che non incontrano sufficiente domanda da parte dei finanziatori; oppure che una parte degli utilizzatori è considerata troppo rischiosa. In quest'ultimo caso è immediato il riferimento a nuove imprese o a investimenti dal ritorno incerto quali quelli in ricerca e sviluppo. Per via delle difficoltà dovute al trasferimento diretto delle risorse accadrà che una parte della domanda di fondi rimanga insoddisfatta.[9]

Il sistema finanziario risolve le difficoltà indicate attraverso la trasformazione del rischio: da una parte rende possibile che il soggetto che intende concedere a prestito trovi forme di impiego che soddisfano la sua bassa propensione al rischio; dall'altro colui che vuole essere finanziato può ottenere le risorse di cui necessita nonostante presenti livelli di rischiosità.

Le modalità attraverso cui viene effettuata la trasformazione del rischio possono essere di due tipi:

---

[9] Begg D., Vernasca G., Fischer S., Dornbush R. (2011), *Economia*, McGraw-Hill.

- Un intermediario finanziario si interpone tra il datore e il prenditore di fondi, assumendo sul proprio bilancio una parte del rischio del prenditore. Tipico esempio è quello di un intermediario bancario che raccoglie fondi a breve termine dai propri depositanti e concede finanziamenti a lungo termine alle imprese. Questa attività presenta due aspetti distinti. In primo luogo, viene attuata una trasformazione delle scadenze dai soggetti in surplus a quelli in deficit, impossibile da realizzare con un sistema di trasferimento diretto. Secondariamente, colui che concede a prestito le proprie risorse ha come controparte un soggetto (l'intermediario) normalmente più solvibile rispetto alla maggior parte dei prenditori di fondi.

- I datori di fondi hanno la possibilità di impiegare l'eccesso di potere di acquisto attraverso la costruzione di un portafoglio di strumenti finanziari. Questo tipo di attività può essere realizzata nei mercati azionari. In questo modo, il rischio che il datore di fondi assume è quello relativo ad un'insieme diversificato di soggetti finanziati. La costruzione di un portafoglio di attività, generalmente, comporta gradi di rischiosità più bassi rispetto alle singole posizioni detenute dall'effetto di diversificazione.[10]

Ultimo ruolo svolto dal sistema finanziario è quello inerente la produzione di informazione. Se il rischio percepito dal potenziale datore di fondi è quello di un utilizzo diverso, rispetto a quanto previsto, delle risorse mutuate e del rimborso alla scadenza delle stesse, diventa fondamentale il meccanismo dell'informazione. In primo luogo è necessario avere informazioni accurate ex ante sulla potenziale controparte per valutarne l'affidabilità: ma è inoltre necessario continuare a raccogliere informazioni ex post, rispetto alla stipula del contratto, per monitorare

---

[10] Istituto di Studi e Analisi Economica (2007): *Finanza Pubblica e Istituzioni*

l'utilizzo corretto dei fondi. Al tempo stesso, è necessario mettere a punto contratti che incorporino i termini dell'accordo tra le controparti. Gli intermediari e i mercati organizzati hanno la funzione di ridurre il gap d'informazione cui è esposto il creditore e possono farlo, perché specializzati e perché operano su larga scala, in termini economicamente convenienti. Nel contesto della finanza d'impresa, possono essere individuate due forme di monitoraggio che garantiscono agli investitori altrettanti tipi di informazione. La prima forma di informazione è di tipo prospettiche o ex ante: essa dovrebbe portare a linee d'azione ottimali seguite dall'impresa. Le informazioni dovrebbero essere raccolte prima che le decisioni di gestione siano attuate e devono essere strutturate per migliorare il processo decisionale. L'informazione può essere raccolta, e utilizzata, da grandi azionisti o, soprattutto nei paesi anglosassoni, dal Venture Capitalist.[11], una persona fisica o un'organizzazione finanziaria che investe in nuove imprese in particolare quelle che comportano rischi. Può anche essere raccolta dai creditori dell'impresa, tipicamente le banche, nel caso in cui, nei contratti di finanziamento, vengano apposte delle clausole, dette covenants, consistenti nella apposizione di obblighi, di fare o non fare, per forzare o prevenire il corso delle azioni, o usare la violazione di tali clausole per imporre un cambiamento della politica da parte del mutuatario. Questa forma di monitoraggio è definita di tipo attivo: essa si sostanzia in due tipologie di controllo:

- formale

- sostanziale

Il controllo di tipo reale o sostanziale si riferisce agli investitori con una posizione di minoranza che riescono a persuadere la maggioranza del consiglio di amministrazione, o dell'assemblea degli azionisti, a seguire una data politica. Il secondo tipo di informazione può essere definita di tipo retrospettivo, o ex post, in

---

[11] http://www.treccani.it/enciclopedia/venture-capital,Dizionario-di-Economia-e-Finanza, 2016.

quanto non porta direttamente a future decisioni ma a una mera misurazione delle scelte manageriali passate. Acquisire questo tipo di informazione può essere simile a *"scattare una foto"* del valore degli asset dell'impresa in un certo istante.

L'informazione in questione può essere acquisita dagli azionisti, come nel caso di analisi che intendano speculare sulla vendita delle azioni in caso di cattive notizie sulla società, ma non ha effetti sulle scelte del management. Per questo motivo viene definita di tipo speculativo.

Al contrario della informazione di tipo prospettico, la raccolta di informazioni retrospettiva non ha alcun valore di per sé, in quanto costituisce la base per il monitoraggio passivo. Comunque può servire allo scopo di premiare o punire il management per le sue scelte passate. Per ipotesi, un incremento del prezzo delle azioni associato a una visione ottimistica circa le prospettive future dell'impresa comporta benefici per i manager che detengono *stock option.*

Il finanziamento dei programmi di ricerca e sviluppo (R&S) presenta maggiori difficoltà valutative rispetto ad altri tipi di investimento. Per poter valutare correttamente un progetto di R&S il finanziatore deve poter disporre delle competenze tecniche necessarie a comprendere la fattibilità e il potenziale di mercato del nuovo prodotto. Inoltre l'impresa potrebbe essere restia a comunicare le proprie idee innovative all'esterno perché questa informazione potrebbe essere sfruttata dai concorrenti: questo tipo di comportamenti, rende più difficile il compito del valutatore. Per di più, i finanziatori stessi potrebbero essere riluttanti nel concedere finanziamenti su progetti R&S perché gli stessi, non sono garantiti da attività reali. Lo sviluppo delle imprese dell'intera economia di un Paese dipende dalle tecnologie che esse sono in grado di adottare e l'adozione di tali tecnologie dipenderà dalle loro potenzialità finanziarie.[12] Per questo motivo il sistema finanziario gioca un ruolo cruciale nel processo di sviluppo economico di un paese, nella misura in cui esso sia in grado di garantire alle imprese i mezzi finanziari necessari all'attività di R&S. Il finanziamento può avvenire attraverso l'intermediazione bancaria sia attraverso il mercato dei capitali. Nella maggior parte dei paesi operano entrambe le strutture finanziarie ma con diverse sfumature. Nei Paesi dell'Europa continentale e in Giappone prevalgono i sistemi finanziari in cui le banche svolgono un ruolo preminente. Nei paesi Anglosassoni i mercati dei capitali e in particolare quelli azionari, rivestono una importanza maggiore rispetto al peso esercitato dall'intermediazione bancaria.

---

[12] Begg D.,Vernasca G.,Fischer S.,Dornbusch R. (2011), *op.cit.*

3. L'evoluzione del sistema finanziario indiano

Sin dall'indipendenza dell'India avvenuta nel 1947 il settore bancario ha subito diversi cambiamenti di politica economica. Con la creazione della State Bank of India nel 1955 e due ondate di nazionalizzazione nel 1969 e nel 1980, lo Stato ha acquisito una considerevole influenza nel settore dell'intermediazione. In seguito alla crisi valutaria del 1991 è iniziato un processo di riforme volto a liberalizzare il sistema favorendo la concorrenza e l'autonomia delle banche, facilitando l'accesso al mercato delle banche estere e riducendo la quota pubblica nelle banche statali.[13]

Al tempo dell'indipendenza, in assenza di significativi flussi di denaro provenienti dall'estero, il risparmio delle famiglie era la principale fonte di finanziamento degli investimenti. Malgrado l'elevato livello di povertà il settore bancario indiano dimostrò in questo periodo di non essere in grado di garantire l'efficiente allocazione delle esigue risorse finanziarie: in primo luogo le banche, per la maggior parte private, non erano presenti nel territorio rurale e semiurbano, dove era concentrata una quota rilevante della popolazione; inoltre la maggioranza dei flussi di fondi veniva impiegata nel finanziamento delle grandi imprese, penalizzando le piccole e medie imprese ed il settore agricolo, che costituivano la vera struttura dell'economia indiana. Secondo la All-India Rural Credit Survey, meno dell'1% del credito totale al settore agricolo proveniva dalle banche commerciali.[14]

Tutto ciò ha portato il governo ad attribuire alla Reserve Bank of India (RBI) il compito di promuovere il credito con particolare attenzione al settore agricolo e ad indirizzare le risorse finanziarie delle banche commerciali verso quei progetti di investimento ritenuti prioritari per gli obiettivi di politica industriale nazionale. Il

---

[13] Chiarlone S., Ferri G.,(2007) *I sistemi bancari dei paesi emergenti*, Bancaria Editrice, Roma.

[14] Reserve Bank of India (2010*), All India rural credit survey: report of the Committee of direction*, Mumbai.

governo indiano nazionalizzò l'Imperial Bank of India nel 1955 rinominata State Bank of India (SBI) con lo scopo di far fronte alle necessità finanziarie delle piccole imprese, della popolazione rurale e degli ordinari cittadini. Nonostante il progresso avvenuto tra gli anni 1950 e 1960 la creazione della State Bank of India venne percepita come insufficiente nel raggiungere gli obiettivi proposti, a causa degli stretti legami che le grandi aziende commerciali e industriali mantenevano con le commercial banks, le quali concedevano credito a condizioni vantaggiose. [15] Il governo impose il Cash Reserve Ratio (CRR) e lo Statutory Liquidity Ratio (SLR) con i quali venivano imposti obblighi stringenti: il primo imponeva alle principali banche indiane di mantenere una riserva quotidiana minima di liquidità pari al 5% delle passività a vista e al 5% delle passività a tempo, al fine di tenere sotto controllo la liquidità in circolazione e ridurre la rischiosità delle banche; il secondo invece imponeva l'obbligo di mantenere una riserva di attività liquide non inferiore al 20% del totale delle passività nette a vista e a tempo. La Banca Centrale era autorizzata a modificare le percentuali di Statutory Liquidity Ratio e Cash Reserve Ratio secondo necessità. Inoltre vigeva l'obbligo di aprire quattro filiali in aree non presidiate dal sistema bancario per ogni filiale aperta altrove.[16] Nel 1969 venne emanato il Nationalization Act in base al quale il Governo nazionalizzò le 14 maggiori banche private, quelle con depositi superiori a 500 milioni di rupie. Inoltre ci fu una netta separazione fra l'attività delle banche e quella delle altre istituzioni finanziarie. Le prime erano autorizzate a ricevere depositi, ma potevano concedere solo finanziamenti a breve, mentre le Development Finance Institutions e le Non Bank Financial Insitutions, non potendo accettare depositi, avevano una maggiore libertà nel credito da erogare. Le banche pubbliche divennero prede ambite del sistema

---

[15] Roland C.(2008), *Banking sector liberation in India, Evaluation of reforms and comparative perspectives on China*, Physica, Heidelberg pag.18.
[16] Chiarlone S., Ferri G.,(2007) *I sistemi bancari dei paesi emergenti*, Bancaria Editrice, Roma.

politico, i tassi di interesse persero il ruolo allocativo e la concorrenza bancaria si ridusse, generando un peggioramento qualitativo dei servizi offerti.[17] L'inadeguatezza nella gestione del rischio e l'obbligo di finanziamento di settori caratterizzati da ridotta profittabilità e da ridotta capacità di rimborso provocò una diminuzione del profitto bancario e un aumento dei prestiti non esigibili.[18] Nel1991 ci furono una serie di riforme che razionalizzarono il sistema finanziario secondo una logica di mercato. Al fine di realizzare un sistema finanziario efficiente e orientato al mercato sembrava inevitabile ridurre gli obblighi di Cash Reserve Ratio (CRR) [19] e di Statutory Liquidity Ratio (SLR). In particolare il Cash Reserve Ratio viene utilizzato dalla Banca Centrale come strumento di politica monetaria.

Le banche indiane erano obbligate ad allocare una quota predeterminata del loro credito in specifici settori e a tassi d'interesse agevolati; il governo voleva favorire le aree svantaggiate nell'ottenimento del credito, quali l'agricoltura, le industrie di piccola dimensione e i piccoli operatori del settore del trasporto e dell'esportazione.

La Reserve Bank of India individuava i settori prioritari comprendono attualmente: "*agricolture, small scale industries, small road and water trasport operators, small business, retail trade, professional and self-employed persons, education, housing, consumption loans, software industry, food and agro-processing sector, and investment by banks in venture capital*".[20]

La deregolamentazione dei tassi di interesse fu una delle riforme più incisive che mutarono il sistema finanziario indiano. Le banche indiane acquisirono gradualmente la possibilità di fissare i tassi d'interesse in base alle proprie condizioni di liquidità

---

[17] Chiarlone S., Ferri G.,(2007) *op.cit.*
[18] Varma V, (2008), *Dentro l'India. Potere, ricchezza, tecnologia, nazionalismo*, Lindau, Torino.
[19] RBI, Master Circular (2013), *Cash Reserve Ratio (CRR) and Statutory Liquidity Ratio.*
[20] Roland C.(2008), *Banking sector liberation in India, Evaluation of reforms and comparative perspectives on China*, Physica, Heidelberg

complessiva e alla percezione del rischio. La Reserve Bank of India si riserva la possibilità di fissare i tassi d'interesse, i quali sono detenuti dalle famiglie che vivono nelle aree rurali e semi – urbane. La deregolamentazione dei saggi di interesse diede alle banche quella flessibilità necessaria per pianificare la propria struttura dei tassi, muovendo quindi il sistema bancario indiano verso un sistema orientato al mercato. Con l'abbassamento delle barriere all'entrata, la competizione bancaria è significativamente aumentata dal 2012.[21] In seguito all'introduzione delle linee guida della Reserve Bank, nuove banche straniere sono entrate nel mercato; l'intero sistema bancario indiano ha beneficiato della deregolamentazione dei requisiti per l'accesso di nuovi concorrenti, anche le banche pubbliche hanno migliorato la qualità e la tecnologia dei servizi offerti, nonché le loro abilità di risk management.[22] Per gli istituti stranieri una modifica importante c'è stata con la promulgazione nel 2015 della roadmap relativa alla possibilità di acquisire banche private indiane. Tra il 2005 e il 2015 gli istituti bancari stranieri hanno potuto acquisire fino ad un massimo del 74% del capitale delle banche private indiane che la Reserve Bank of India ha definito in ristrutturazione.[23] La riduzione delle barriere all'entrata ha permesso di creare un ambiente competitivo. Le banche persistenti hanno acquisito una maggiore flessibilità operativa e si trovano a dover affrontare l'insediamento delle nuove banche private e quelle estere. Tuttavia il controllo statale nel settore bancario indiano rimane ancora maggioritario.

Il settore bancario è un settore vulnerabile alle crisi sistemiche che potrebbero nascere da problemi a livello di singola istituzione creditizia, quindi occorre una stretta vigilanza e protezione in modo da garantire un certo grado di stabilità.

---

[21] Subramanian A., (2013), *India's Turn. Understanding the Economic Transformation,* Oxford University Press, New Delhi.

[22] Nayar B.(2014), *India's Globalization: Evaluating the Economic Consequences,* Washington

[23] Chiarlone S.(2008), *L'economia dell'India,* Carocci Editore, Roma, pag.81

La Narasimham Committee, esamina tutti gli aspetti del sistema finanziario in India tra cui il settore bancario,dei mercati e dei capitali. Il governo ha annunciato una serie di riforme per un rafforzamento e una modernizzazione del sistema in linea con le migliori prassi internazionali.[24] Un passo importante è stato l'obbligo per le banche indiane di detenere capitale in misura dell' 8%.[25]

L'impetuosa crescita economica dei due giganti asiatici emergenti, la Cina e l'India, sta portando a nuovi assetti negli equilibri economici del mondo. La crisi economica e finanziaria nei paesi Ocse ha rafforzato, a partire dal 2008, questa tendenza, modificando profondamente le dinamiche della globalizzazione e mettendo in luce l'affermarsi di questi nuovi protagonisti. Di conseguenza, il centro di gravità dell'economia globale si sta progressivamente spostando verso l'Asia. Tra quelli che all'inizio del XXI secolo vengono definiti i paesi emergenti, Cina e India spiccano nettamente per dimensione geografica, demografica e economica, per le notevoli performance di crescita e per l'enormità delle loro potenzialità e nello stesso tempo dei rischi che devono affrontare.

Sia la Cina che l'India stanno attraversando una complessa fase di transizione, partendo tuttavia da modelli diversi e da tempi diversi. La Cina era nel 1978 un'economia socialista (mezzi di produzione pubblici), pianificata e centralizzata, con un sistema politico bloccato, mono-partitico e strettamente controllato dal partito comunista cinese. L'India era fino alla metà degli anni 1980 un'economia mista con un forte settore pubblico, ma con rilevanti spazi lasciati al mercato, con una pesante regolazione pubblica e con una commistione tra piano e mercato.

---

[24] Vaghi M.,(2012), *L'India e la geopolitica dell'Oceano Indiano: debolezze strutturali e ambizioni globali*, Milano.

[25] Chiarlone S., Ferri G.(2008), *I sistemi bancari dei paesi emergenti*, Bancaria, Roma, pag.110

La Cina si è gradualmente trasformata negli ultimi tre decenni in un'economia del triplo mix, con una commistione complessa tra piano e mercato, tra proprietà pubblica e privata dei mezzi di produzione e tra decisioni economiche centralizzate e decentrate. Sul piano politico ha tuttavia mantenuto l'assetto mono-partitico e il rigido controllo del partito comunista cinese sulla società.

L'India ha avviato dalla seconda metà degli anni 1980 e segnatamente dal 1991, un profondo processo di liberalizzazione e de-regolazione dell'economia, mantenendo sul piano politico le sue caratteristiche di paese democratico e, per diversi aspetti, decentralizzato.

Entrambi i paesi sono economie emergenti, in rapida e tumultuosa crescita. Secondo diversi metodi di stima, IL PIL in parità di potere d'acquisto era per la Cina nel 2010 già un poco superiore a quello degli Stati Uniti (il 104,5%), od almeno pari a circa i due terzi del PIL americano, mentre quello dell'India variava dal 42% al 29 % del PIL degli USA. Il tasso di crescita del PIL pro capite dei due paesi è stato comunque molto alto. Negli anni 1991-2010 esso è cresciuto dell' 8,7% medio annuo per la Cina e del 5,2% per l'India. Entrambi i paesi sono in transizione verso un'economia di mercato: la Cina ha un'economia pianificata centralmente, l'India ha un'economia mista, di piano e di mercato. [26]

Sia la Cina che l'India hanno avuto imponenti cambiamenti strutturali, con una riduzione dell'importanza relativa dell'agricoltura ed un aumento del peso relativo dell'industria e del terziario. Inoltre l'industria è cresciuta assai di più in Cina (fino a rappresentare nel 2010 quasi il 20 % della produzione manifatturiera mondiale), mentre in India alcuni comparti del terziario, come il software, hanno avuto una crescita più pronunciata. La Cina ha acquisito a partire dal 1994 un importante

---

[26] Valli V, Saccone D. (2009), *"Structural Change and Economic Development in China and India"*, The European Journal of Comparative Economics.

surplus strutturale nella bilancia delle partite correnti, mentre l'India ha registrato più saldi negativi che positivi. Entrambi i paesi hanno limitato, con modi diversi, i movimenti di capitali e controllato l'andamento dei tassi di cambio. La Cina è attualmente un importante creditore netto verso l'estero, soprattutto verso gli Stati Uniti; è di gran lunga il paese con maggiori riserve internazionali del mondo, ha un fondo sovrano assai attivo e dotato di ingenti capitali ed una moneta che va gradualmente rivalutandosi.

L'India ha una posizione finanziaria internazionale meno solida della Cina e volumi cospicui, ma assai meno abbondanti, di riserve della Banca centrale.

La Cina ha sviluppato rapidamente il proprio sistema bancario e finanziario. Le banche principali della Cina hanno livelli di attività e di impieghi assai maggiori di quelli delle principali banche indiane. Le tre borse valori di Shangai, Shenzhen e quella di Hong Kong hanno una capitalizzazione complessiva seconda sola a quelle dell'insieme delle due borse USA, e assai maggiore rispetto a quella della borsa valori indiana. Ciò nonostante, la sofisticazione del sistema bancario e finanziario indiano, soprattutto nei mercati obbligazionari e dei derivati, è maggiore di quella attuale della Cina, che ha banche, borse valori e cambi ancora fortemente regolati dal centro.[27]

---

[27] Balcet G., Valli V.(2012), *Potenze economiche emergenti: Cine e India a confronto*, Il Mulino, Bologna.

4. La finanza islamica

Etimologicamente il termine Islam è il nome che viene dato ai seguaci di Muhammad (Maometto). Quest'ultimi si chiamano muslim (i sottomessi). L'Islam proclama la sottomissione dell'uomo alla volontà di Dio. L'ordinamento etico giuridico islamico, fondato da Allah per guidare gli uomini verso la salvezza. Tale carattere deriva dal principio cardine dell'Islam del tawhid, o unicità di Dio. La tensione verso l'unificazione del reale nel nome di Allah pervade ogni dimensione dell'attività umana, che deve assoggettarsi a Dio e alla sua Legge rivelata, e il tawhid è il momento di unità e unificazione di tutta la realtà.[28]

Nell'Islam i precetti contenuti nella Legge di Dio, la Shari'ah, non hanno una valenza limitata alla sola sfera privata, ossia al rapporto intimo tra uomo e Dio, ma costituiscono principi validi e cogenti per ogni settore della vita della comunità dei credenti (l'Umma). Il fedele musulmano è tenuto ad osservare tali precetti anche nella sfera pubblica, sociale, giuridica ed economica. La maggior parte della Sharia si rinviene nel corpus del fiqh, letteralmente è la conoscenza approfondita di una determinata cosa. E' un processo di elaborazione umana della legge divina.[29]

Da sempre la scienza giuridica islamica è intenta a conoscere ciò che Allah ha indicato come halal (lecito) oppure haram (illecito), valutando ogni singolo atto umano alla luce della Parola rivelata da Dio (Corano), dall'esempio dato dalla condotta del Profeta (Sunna), ma anche sulla base di tutte quelle regole giuridiche attorno alle quali si è formato il consenso dei più influenti giuristi delle diverse scuole giuridiche (Ijmà). Gli atti umani vengono qualificati, non solo come "obbligatori" (fard)

---

[28] Ersilia F.,(2013) *Economia, religione e morale nell'Islam,* Roma, Crocci Editore.
[29] Kuran T.(2012), *Islam and Mammon, The Economie Predicaments of Islamism,* Princeton University Press.

o "vietati" (haram), ma anche come "atti raccomandati" (mansûh), "disapprovati"(makrûh) e "neutri" (mubâh).30 Il Corano è la prima fonte del diritto islamico, racchiude i fondamenti dell'Islam rivelati da Allah al Profeta Muhammad. I detti del Profeta (Hadit),sono stati trasmessi prima oralmente e poi trascritti. La tradizione (Sunna), intesa come tutto quello che riguarda la vita del Profeta e dei suoi primi seguaci. Il lavoro dottrinale/interpretativo delle principali scuole giuridiche islamiche (Madhhab) è finalizzato alla corretta interpretazione della volontà divina rivelata nel Corano e nei detti del Profeta.

L'Islam proibisce il prestito a interesse, l'incertezza e la speculazione. Accetta la partecipazione ai profitti e alle perdite ma ripudia che l'investimento abbia percentuali di guadagno prestabilite. Quindi, a fronte della crescita dell'interesse Occidentale verso questa forma alternativa di finanza, che sembrerebbe meno legata ai tassi di interesse e alla speculazione, e a fronte del continuo aumento di musulmani che apportano ingenti ricchezze nei nostri paesi, sta crescendo negli ultimi anni l'interesse per lo studio di nuovi prodotti finanziari rispondenti alle leggi della Shari'ah.31 Pertanto, la Finanza Islamica, da fenomeno di nicchia, sta assumendo crescente rilevanza registrando tassi di crescita sostenuti tali da indurre diverse banche "*convenzionali*" ad affacciarsi a tale business, sia nei paesi di religione islamica sia nei paesi occidentali, e sviluppare prodotti finanziari compatibili con le leggi musulmane.

In tutti i modelli occidentali il tasso d'interesse è il fulcro del business delle banche. Quelle islamiche invece, svolgono tutte le normali attività di una banca ma senza utilizzare interessi, proibiti dall'Islam. Il sistema bancario Islamico si basa su

---

³⁰ Gatto A.,(2010), *Fondamenti etici della finanza islamica*, Bari, Cacucci.
³¹ Russo T.A.(2014), *Contributo allo studio dei contatti Shari'a compliant. Valori religiosi e meritevolezza degli interessi*, Napoli.

un grande fondamento logico: non può esserci guadagno senza una compartecipazione al rischio. Maggiore disciplina attraverso un maggior uso di capitale di rischio piuttosto che di capitale di debito e condivisione del rischio creditizio; sistema etico che trae i suoi principi dalla Shariah (*legge Islamica*) fondata sul Corano. Questi sono i principi alla base della finanza Islamica, quindi la banca riceve un utile solo se il progetto di chi ha chiesto il denaro ha successo e produce un profitto. Nel mondo islamico si ritiene che le risorse naturali appartengono a Dio, che le conferisce all'umanità al fine di contribuire allo sviluppo; crescita economica e tutela della natura devono essere coniugati. Per quanto riguarda la proprietà privata, pur essendo garantita, trova diverse limitazioni: deve essere sobria e austera, deve essere esercitata nel rispetto del prossimo, rilevante è il modo in cui le ricchezze vengono accumulate.[32] L'Islam incoraggia il lavoro, il guadagno e l'investimento. Tuttavia l'uomo d'affari non deve essere motivato solo dal profitto atteso, ma anche dal desiderio di servire la comunità, da un comportamento sincero e onesto. I dipendenti vanno remunerati in maniera equa e l'indulgenza, l'educazione la fratellanza e l'amicizia sul lavoro sono considerate virtù importanti. Al contrario l'eguaglianza tra gli uomini è un cardine importante, cosi come lo è l'aiutare chi ha bisogno senza attendersi nulla in cambio. Il monopolio è espressamente proibito, e disoccupazione e inflazione sono visti come nemici da combattere. Le partecipazioni azionarie sono benviste, ma la partnership di tipo islamico presuppone un pieno coinvolgimento delle parti in causa.[33] A livello microeconomico, non si applica la tradizionale funzione del consumo: l'utilità di un buon musulmano è strettamente legata a quella degli altri e deve essere guidata da comportamenti che gli permettono di massimizzare non solo il suo benessere su questa terra ma anche nell'aldilà.

---

[32] Alvaro S.(2014) *La finanza islamica nel contesto giuridico ed economico italiano*. Quaderni giuridici Consob.

[33] Sharma S.(2012), *Islamic Finance*, SSRN working paper.

A livello macroeconomico, non si applica la teoria del reddito permanente o del ciclo vitale: il prestito al consumo non è contemplato se non in casi molto limitati, quindi è difficile modificare nel tempo i consumi: il buon musulmano deve devolvere parte del suo reddito in beneficenza e non deve consumare beni vietati. In realtà comunque, nonostante queste rigide regole, la propensione al consumo delle economie islamiche non è così diversa da quelle osservate nei paesi occidentali.

Per quanto riguarda le imprese gestite da musulmani, l'obiettivo del management deve essere il benessere dell'intera comunità e non il profitto. A garanzia di questo principio lo Stato può intervenire in ogni momento per riportare il filtro morale nei comportamenti e negli obiettivi dei cittadini. Inoltre l'indebitamento è vietato, il che rende il sistema economico sicuramente più stabile. In un economia islamica, quindi priva di debito, gli agenti economici dovrebbero detenere moneta solo per scopi transitivi e precauzionali; ne segue che la domanda di moneta è più stabile ed efficiente per controllare il ciclo economico.[34] In effetti le stime sulla funzione di moneta nei paesi islamizzati mostrano una bassa elasticità ai tassi d'interesse ed una notevole stabilità.[35] Purtroppo però la politica monetaria in tali paesi può risultare fortemente condizionata dal deficit pubblico. In un' economia islamica comunque sono più acuti i problemi di azzardo morale e di frammentazione del mercato. Di conseguenza sono fondamentali la regolamentazione e la vigilanza che assumono un ruolo ancora più fondamentale.[36]

---

[34] Bouslama G. (2008), *La finance islamique - Rescapée du tsunami des subprimes?*, in *Banque & stratégie*, n°264, pp.19-21.
[35] Ernst & Young (2010),*Islamic Funds and Investments Report.*
[36] El Gamal M. (2006), *Islamic Finance. Law, Economics and Practice*, Cambridge University Press, Cambridge-New York.

5. Le principali istituzioni della finanza islamica

Lo sviluppo della finanza islamica è stato accompagnato dalla creazione di organizzazioni internazionali dedicati a tale settore:

- Accounting and Auditing Organization for Islamic Financial Institutions (AAOIFI)[37], è responsabile per lo sviluppo di contabilità, revisione contabile, l'etica, la governance, e le norme per la Shari'a islamica internazionale del settore bancario e finanziario. Inoltre contribuisce in modo significativo allo sviluppo dell'industria. AAOIFI è sostenuta da oltre 160 membri istituzionali di circa 40 paesi. Essa ha la sua sede aziendale nel Regno del Bahrein registrata come ente no- profit.

- International Financial Services Board (IFSB)[38] è un'organizzazione internazionale che promuove e valorizza la stabilità e la solidità del settore dei servizi finanziari islamici mediante l'emissione di norme prudenziali e di principi guida per le industrie, il settore bancario, assicurativo, e i mercati dei capitali. La IFSB svolge inoltre un'intensa attività di ricerca e coordina le iniziative in materia di industrie e attività connesse.

- International Islamic Financial Market (IIFM) è stata fondata con gli sforzi collettivi delle banche centrali e degli organismi monetari del Bahrein, Brunei, Indonesia, Malesia, Sudan e Arabia Saudita. Ha il compito di partecipare alla creazione, allo sviluppo, alla regolamentazione e alla promozione del mercato monetario e dei capitali islamico.

---

[37] AAOIFI, *Accounting, Auditing & Governance Standards for Islamic Financial Institutions*, 2010, in www.aaoifi.com/aaoifi/Publications/KeyPublications /tabid/88/language/en-US/Default.aspx#account
[38] IFSB, *Guiding Principles on Shari'ah Governance Systems for Institutions Offering Islamic Services*, 2009, in http://www.ifsb.org/standard/IFSB-10%20Sharian Governance.pdf.

- International Islamic Rating Agency (IIRA) è una agenzia di rating che assiste il sistema finanziario islamico, permettendo che lo stesso rispetti gli standard internazionali e si doti di maggiore comunicazione e trasparenza.

6. I principi fondamentali della finanza islamica

La finanza Islamica si basa su quattro principi fondamentali che la differenziano notevolmente da quella Occidentale:[39]

1. **Al Riba** (proibizione dell'interesse).

   Il termine arabo Riba letteralmente significa *"incremento" "eccesso"*, *"crescita"*. Il termine usura è la traduzione della parola araba Riba. Oggi l'Islam sembra essere l'unica religione monoteista che sia rimasta a proibirlo. Interpretato inizialmente come divieto della pratica dell'usura, oggi il consenso prevalente tra i musulmani è che il Riba includa qualsiasi forma di interesse. Tutti i credenti musulmani sono consapevoli che il Riba, ovvero l'interesse, imposto o subito è severamente condannato e proprio il binomio islam - divieto del tasso di interesse - restituisce alla finanza islamica quella definizione di finanza basata sulle proibizioni. Ci si interroga sul significato di Riba, su come sia possibile tradurre in termini economici moderni il divieto. Ai tempi del Profeta esistevano prestiti destinati al consumo, distinti dai prestiti a fini produttivi e nel Corano non si è ritenuto necessario fare una distinzione. [40] L'interesse è dunque, secondo le loro argomentazioni, vietato, a prescindere dalla ragione per la quale venga calcolato. Nella Sharia, ovvero la giurisprudenza islamica, il concetto del Riba, per esprimerlo in un modo più chiaro, viene diviso in più categorie. Infatti, distinguiamo due tipologie principali di Riba:

   - Riba al-nasi'a: detto anche riba pre-islamico. Esso è legato all'interesse imposto su un debito monetario ovvero, all'aumento

---

[39] Mcmillen M.J.T. – Fagerer R. –.Pikiel JR M.E, *The 2010 Tahawwut Master Agreement: Paving the Way for Shari'ah- Compliant Hedging Products*, Working paper, in http://uaelaws.files.wordpress.com/2011/09/tahawwutmaster- agreement-2.pdf.
[40] Hamaui R., Mauri M (2009), *Economia e finanza islamica*, Il Mulino, Bologna

qualsiasi del denaro preso a prestito. In termini moderni, si tratta dell'interesse sul debito. La proibizione di questo tipo di interesse riguarda principalmente il fatto di fissare in anticipo un interesse o un premio sul prestito come ricompensa monetaria legata al tempo che è concesso al debitore. La legge islamica vieta la pratica di fissare un ritorno positivo ovvero un incremento sul capitale prestato, giustificandolo solo per l'attesa tra l'istante in cui il prestito è concesso e l'istante in cui viene restituito. I giuristi islamici hanno sempre considerato la moneta come mezzo di scambio e unità di conto, rifiutando invece la sua funzione di riserva di valore; la moneta genera valore e ricchezza non per sé, ma se impiegata in un processo produttivo o in una transizione. Se da un lato l'Islam ha proibito l'interesse, dall'altro ha riconosciuto la legittimità della compravendita, riservandosi però di delimitare gli ambiti di liceità. [41]

- Riba al-fadl definito come interesse nello scambio. Riba al-fadl vieta ogni incremento rispetto a quanto sarebbe giustificato dal controvalore dell'oggetto della transazione. Lo scambio di medesime merci deve avvenire nella stessa specie, nello stesso ammontare e contestualmente; qualora vengano scambiate merci di diversa specie, ciò deve comunque avvenire contestualmente. La causa del divieto sull'interesse può essere espressa nelle seguenti forme:

a. Riba rafforza la tendenza di accumulare ricchezza nelle mani di poche persone, creando un disequilibrio sociale nelle società.

---

[41] De Lorenzo Y. (2002), *The religious foundations of Islamic Finance*, in Archer S., Karim A. eds., *Islamic Finance, Innovation and Growth*, Euromoney books and AAOIFI, London.

b. L'Islam non accetta il guadagno da un'attività finanziaria, altrimenti entrambi le parti, debitore e creditore, sono soggetti al rischio sia di perdita sia di guadagnare.

c. L'Islam considera l'accumulo di ricchezza attraverso l'interesse o l'usura, come una forma di egoismo rispetto all'acquisire ricchezza tramite il lavoro e l'attività personale.

d. La regola dice che il denaro non può assolutamente creare denaro.

e. Considerare l'interesse come una ricompensa derivante dal fatto di depositare soldi, può essere giustificato nel caso in cui quest'ultimi sono oggetto di reinvestimento e quindi una crescita del capitale, ma non al consumo.

2. Al Gharar

La giurisprudenza commerciale islamica pone moltissima attenzione alla strutturazione dei contratti e al modo in cui sono redatti, dal momento che qualsiasi incertezza può rendere nullo il contratto. [42] Un contratto valido ai fini della Sharia, deve esprimere con chiarezza la quantità del bene, la sua esistenza e l'effettivo essere in possesso del bene presso colui che vende. Questa ultima prescrizione deve essere rispettata in tutti i contratti. Quindi è chiaro che la "*chiarezza*" rappresenta uno dei cardini di un contratto valido e ben scritto: ai contraenti viene chiesto esplicitamente di evitare l'incertezza, conosciuta con il termine Gharar[43]. Questo divieto rappresenta uno dei pilastri della finanza islamica.[44] Il Gharar si registra in una transizione commerciale in cui sono contenuti elementi di incertezza

---

[42] Gassner M., Wackerbeck P. (2007), *Islamic Finance - Islam-gerechte Finanzanlagen und Finanzierungen*, Köln, Bank-Verlag Medien GmbH.

[43] Kamali M.A., Uncertainty and Risk-taking (Gharar) in Islamic World (1999), *Paper presentato in occasione della Conferenza Internazionale sul Takaful/Islamic Insurance*, Kuaka Lampur.

[44] Francesca E. (2013). Economia, religione e morale nell'Islam. Roma, Crocci editore

relativamente alla quantità al valore di un bene o i termini di pagamento non sono specificati in dettaglio. La condanna del Gharar ha un fondamento equitativo: si cerca, cioè di evitare che una delle parti possa trarre un ingiusto profitto da elementi contrattuali che danno adito a incertezza. La proibizione del Gharar eccessivo e la conseguente nullità dei contratti, rappresentano un pressante invito a documentare in un modo completo i contratti e a concludere la *due deligence* prima di concludere una transizione. Questa attenzione alla chiarezza non permette ai contraenti di stipulare contratti con una forte presenza di asimmetria informativa. Uno degli esempi di Ghara, nel mercato finanziario contemporaneo, è rappresentato nel contratto di assicurazione convenzionale. Gli studiosi di Sharia sono del parere che l'assicurazione convenzionale non è conforme alla Sharia a causa del grande elemento di incertezza ovvero Gharar.[45] Questo perché il contraente conclude un accordo di pagare una certa somma di premio e la compagnia di assicurazione si impegna a versare una certa somma di risarcimento in caso di incidenti. Tuttavia, l'importo del risarcimento che la ditta assicurativa pagherà è incerto ed è dipendente da eventi specifici, nel futuro insicuri.

3. Al Mayssir

Letteralmente la parola Mayssir in arabo significa gioco d'azzardo. In generale si tratta di un'attività che comporta due parti, ciascuna delle quali assume il rischio di una perdita considerata un guadagno per l'altro come è comune per il gioco d'azzardo. Il guadagno maturato da questi giochi è

---

[45] Miglietta F. (2008), I Principi della finanza islamica, in C. Porzio (a cura di), La finanza islamica. Opportunità o minaccia?", Carefin Università Bocconi.

illecito nell'Islam, in quanto distoglie l'attenzione del giocatore da un'occupazione produttiva e gli permette di accumulare ricchezza senza sforzo. È considerato un incentivo immorale da parte della persona che cerca di trarre profitto a spese di un'altra parte. In conseguenza, ai musulmani è anche vietato prendere parte sotto qualunque forma ad attività di partecipazione, investimenti o finanziamenti di un business legato o associato all'industria del gioco d'azzardo. Al Mayssir, ovvero il gioco d'azzardo, è proibito nell'Islam in tutte le sue forme, però per quanto riguarda gli investimenti operati nel mercato azionario, molti studiosi concordano sul principio che se i guadagni sono consentiti (Halal) è lecito investire nel mercato azionario.[46] Alcune condizioni devono essere rispettate in questo caso escludendo elementi illeciti (Haram): divieto di coinvolgimento nelle banche convenzionali (a causa dell'utilizzo del tasso di interesse), nelle assicurazioni, nelle aziende che producono alcoolici (essendo una bevanda proibita), prodotti a base di maiale (essendo pure proibito il suo consumo), tabacco, intrattenimento per adulti, gioco d'azzardo.

4. Al Zakat (l'elemosina rituale)

L'elemosina rituale costituisce il quarto pilastro dell'Islam e fra i più importanti doveri religiosi.[47] L'imposta o Zakat è, in un certo modo, il debito verso Dio che il musulmano deve saldare per ciò che egli ha dato: per il fedele quest'atto lo purifica e rende legale e benedetto tutto quello che

---

[46] Iqbal M., Molyneux P. (2005), *Thirthy Year of Islamic Banking. History, Performance and Prospects*, Palgrave Macmillan, Basingstoke.
[47] Salvini A., & Miglietta, N. (2014). *Principi di finanza islamica*, Bari, Cacucci Editore

possiede. Il termine coranico Zakat non trova nessun equivalente in nessun'altra lingua. Non si tratta semplicemente della detrazione di una certa percentuale dalle proprie sostanze, ma di un investimento spirituale. Non è solo un contributo volontario a favore di qualcuno o di una data causa, né una tassa governativa che un individuo furbo possa evadere o evitare. È invece un dovere prescritto da Dio e accettato dai Musulmani nell'interesse della comunità nel suo complesso. Il ruolo del Zakat nella redistribuzione della ricchezza verso i poveri è che questo strumento aiuta a mantenere la giustizia e l'equilibrio sociale. Siccome tutte le risorse sono considerate un dono proveniente da Dio all'intera umanità, non ci sono motivi per i quali tutta la ricchezza debba rimanere nel possesso di una minoranza. In questo modo, la Zakat riduce al minimo le sofferenze dei membri poveri e bisognosi della comunità. Essa è una consolazione che conforta gli individui meno "fortunati" e purifica il cuore del contribuente dall'egoismo e dall'amore per la ricchezza.[48] Inoltre purifica il cuore di colui che riceve dall'invidia e dalla gelosia, dal risentimento e dal rancore; pone nel cuore di quest'ultimo benevolenza e simpatia per il contribuente. Come si calcola il tasso della Zakat? Ogni Musulmano, maschio o femmina, che alla fine dell'anno sia in possesso di circa quindici dollari o più, in contanti o in articoli di commercio, deve versare la zakat al tasso minimo del 2,5%. Trattando con una banca islamica i clienti e i partner possono delegare ad esso il prelievo alla fonte e la ridistribuzione dell'imposta secondo modalità esplicitamente definite. Nel caso in cui la somma sia in contanti, la cosa è facile. Chi detiene ricchezza in merce o in materiale commerciabile, allora deve valutare la propria ricchezza al termine di ogni anno e versare la zakat

---

[48] Lewis M.K., Algoud M.K..(2007), *Handbooks of Islamic Banking*, Edward Elgar, Cheltenham Uk.

al medesimo tasso del 2,5% sul valore totale della ricchezza. Se il suo denaro è investito in immobili che siano fonte di reddito, la zakat va calcolata sul totale netto del reddito, non sul valore totale della proprietà. Se invece costruisce case e edifici per poi venderli, la zakat deve essere calcolata sul valore totale della proprietà. Il creditore deve pagare la zakat anche sulla cifra che gli spetta, perché essa fa parte della sua ricchezza. In ogni caso, bisogna ricordare che si paga la zakat soltanto sul bilancio netto. Le spese personali, le spese familiari, le spese necessarie, il pagamento dei debiti: tutto ciò viene prima e la zakat viene calcolata sul bilancio netto. Bisogna anche ricordare che il tasso del 2,5% è solo un minimo. In periodo di emergenza o di necessità impellenti, non c'è un limite al tasso.[49] Il legittimo destinatario della zakat è colui che non ha nulla con cui far fronte alle proprie necessità o possiede poco denaro (meno di 15 dollari) alla fine dell'anno. Può anche essere distribuita sotto forma di borse di studio a studenti e ricercatori Musulmani brillanti e promettenti. Comunque, i Musulmani del Nord America possono trarre vantaggio dalla legislazione fiscale che consente certe deduzioni giustificate dalla beneficenza. Essi devono pagare la loro zakat ai beneficiari qualificati e poi reclamare le quote versate come deduzioni legali. Il contratto di Murabahah[50] si configura come una doppia vendita con pagamento differito. Si tratta di uno dei contratti utilizzati dalle banche islamiche per operazioni di finanziamento alle imprese (acquisto di materie prime o semilavorati), per operazioni di credito al consumo e per operazioni di investimento della liquidità. Le banche islamiche possono stipulare con i propri clienti contratti di locazione

---

[49] Usmani M, (2002), *An Introduction to Islamic Finance*, The Hague, Kluwer Law International
[50] Contratto più popolare e più utilizzato nel sistema bancario islamico, il suo principio è la compravendita con margine.

di beni mobili o immobili: il godimento di un bene dietro pagamento di un canone a titolo corrispettivo è disciplinato anche nei codici vigenti nei paesi musulmani.

Nella prassi bancaria si distingue tra Ijarah[51], in cui il locatore ha solo l'uso del bene, e Ijarah wa Iqtinah[52], in cui all'uso del bene si associa per il locatore la possibilità di divenire proprietario; l'Ijarah wa Iqtinah è dunque equivalente al leasing finanziario, mentre l'Ijarah semplice è di norma ricondotta al leasing operativo. In effetti, il sistema bancario islamico gode di un supporto particolare da parte dei governi, imprenditori e istituzioni finanziarie della zona del Medio Oriente. La maggioranza degli organismi di controllo e di supporto della finanza islamica si localizzano nel Medio Oriente. Per quanto riguarda il sud dell'Asia, la struttura della finanza islamica è stata ultimamente ristrutturata nel Pakistan sotto forma di dualità del sistema bancario (convenzionale e islamico). Invece, Il Bangladesh sta seguendo, sempre in un modo rigoroso, le legge della finanza islamica sotto la pressione della domanda che proviene dal mercato. L'India e l'Afghanistan potrebbero adottare il sistema islamico a breve nel futuro. Indonesia, Malaysia e Singapore stanno promuovendo il sistema più avanzato della finanza islamica in tutta la regione. Questo implica una capacità attrattiva sempre maggiore di questi paesi per i finanziamenti e i progetti provenienti dal Medio Oriente. Infine, il governo del Sudan ha adottato, misure per promuovere il sistema bancario e la finanza islamica nella regione.[53]

Oggi, il nostro paese ospita più di un milione e mezzo di musulmani che rappresentano, oltre il 30% della popolazione straniera residente e quasi il 3%

---

[51] Contratto tramite il quale una banca affitta dei beni all'imprenditore dietro un compenso predeterminato e per una durata stabilita. La proprietà dei beni resta alla banca finanziatrice.
[52] Contratto che prevede l'acquisto dei beni da parte dell'imprenditore alla fine del periodo di affitto. Molto usato nel finanziamento delle compravendite immobiliari
[53] Dell'Atti A. - Miglietta F. (2009), *Fondi sovrani arabi e finanza islamica*, Milano.

dell'intera popolazione nazionale. In termini di rilevanza economica, si noti, come il 6% del prodotto interno lordo italiano sia prodotto esclusivamente da immigrati e come le necessità finanziarie della popolazione islamica residente si siano evolute, parallelamente al più alto livello di integrazione raggiunto, verso più sofisticate tecniche economiche. Dai bisogni finanziari di base come le rimesse degli emigranti o i servizi di pagamento, si è passati a necessità di più lungo periodo, tipiche di una popolazione di seconda generazione che continua a crescere anche in termini di disponibilità economiche. Con il consolidamento della presenza sul territorio, la comunità islamica ha avviato operazioni di acquisto di proprietà immobiliari, sia private che commerciali. A livello imprenditoriale, inoltre, nel territorio italiano si contano circa settantamila imprese avviate da cittadini musulmani che necessitano di una maggiore innovazione finanziaria. [54] Gli immigrati si sono inseriti nel tessuto economico e sociale italiano e rappresentano un segmento di mercato assai rilevante. La Germania e la Francia hanno iniziato ad aprirsi a questo mercato con risultati positivi. Gli istituti italiani non sono ancora riusciti ad attrarre capitali stranieri interagendo con quei principi che obbediscono alla finanza islamica. Ma questa opportunità di investimento non prende piede in Italia, manca un quadro legislativo che consenta la nascita di banche di diritto islamico. Eppure, anche l'Italia prima o poi sarà costretta a tenerne conto. In Italia manca l'implementazione di un sistema finanziario islamico, diffuso ormai in tutte le principali piazze finanziarie globali. In questi ultimi anni le banche italiane stanno lentamente prendendo coscienza delle opportunità che l'implementazione del settore islamico offre in termini competitivi, tra le quali una maggiore raccolta bancaria, potenziali sinergie con l'intero mondo arabo

---

[54] Miglietta F. (2004), *Gli investimenti socialmente responsabili*, in L. Anderloni (a cura di), *L'innovazione finanziaria. Osservatorio Newfin 2004*, Bancaria Editrice, Roma

e maggiore capacità di internazionalizzazione delle imprese.[55] L'offerta di finanza islamica in Italia potrebbe avvenire secondo diverse modalità: l'insediamento di una filiale di banca islamica, con sede principale all'estero; l'offerta di prodotti finanziari islamici da parte di banche con sede legale in Italia e l'istituzione di appositi fondi comuni di investimento. Le banche islamiche sarebbero quindi sottoposte alla medesima regolamentazione di vigilanza prevista per tutte le filiali di banche non UE insediate in Italia.[56]

Da una prima analisi delle condizioni esistenti ritengo che l'implementazione di una banca islamica in Italia possa largamente favorire il paese, come ulteriore canale di sviluppo economico-finanziario a disposizione della popolazione nello sviluppo dei suoi rapporti economici con il vicino mondo arabo. Sembra necessario, infatti, vista la globale crisi di liquidità, promuovere investimenti nelle due direzioni e intercettare una parte di surplus di risparmio proveniente dal mondo islamico.

L'economista Loretta Napoleoni ha affermato che "*la finanza islamica è il settore più dinamico della finanza globale ed è innovativa, flessibile e potenzialmente molto redditizia. Anche perché ci sono più di un miliardo di musulmani al mondo e quindi di potenziali clienti.*"[57]

---

[55] Visser, H. (2013). *Islamic finance: Principles and practice.* Cheltenham Edward Elga Publishing.

[56] AA.VV.,(2013), *Un rating islamico per società italiane,* Quaderno AIAF n. 156.

[57] Napoleoni L. (2008), *Economia canaglia,* Il saggiatore, Milano

5. I sukūk

I sukūk costituiscono il prodotto dell'industria finanziaria islamica. Il loro sviluppo è all'origine della crescita del mercato di capitali islamici. Essi costituiscono un'alternativa compatibile con i valori musulmani alle obbligazioni classiche.

I sukūk sono certificati che hanno un valore legale e rappresentano quote indivise di proprietà di attivi tangibili, di usufrutti e di servizi o di un particolare progetto e di un'attività d'investimento specifica. Sono prodotti finanziari a scadenza fissa che generano flussi che permettono le remunerazione dei possessori.[58] Ogni titolo rappresenta una quota parte indivisa di proprietà sugli attivi sottostanti generatori di flussi finanziari. L'investitore possessore del titolo è associato ai rischi inerenti a questi attivi; egli percepisce una parte dei profitti legati al rendimento e la vendita del sottostante o il suo riscatto permettono di rimborsare gli investitori alla scadenza. [59]

I sukūk sovrani vengono emessi dagli Stati ma vi sono anche emissioni corporate su iniziativa di società e di banche. Questi titoli di investimento si caratterizzano per la flessibilità e varietà sia per gli attivi che fungono da sottostante che nelle composizioni e nei livelli di garanzia. I sukūk sono diventati un prodotto attrattivo per diverse tipologie di emittenti alla ricerca di una vasta gamma di fonti di finanziamento sofisticate; offrono la possibilità di mobilitare un risparmio in cerca di opportunità d'investimento a lungo termine. Conformemente ai principi della finanza islamica la remunerazione non assume la forma di un tasso d'interesse.[60] E' uno strumento di finanziamento di progetti, di attivi o di operazioni finanziarie islamiche. Il finanziamento è assicurato all'emissione dei sukūk sul mercato primario. Una volta

---

[58] Miglietta F. (2012), *Bond islamici alla conquista dei mercati. Opportunità, rischi e sfide dei sukuk*, Milano.

[59] Salvini V.& Miglietta N.,(2014).*Principi di finanza islamica,*Cacucci Editore.

[60] Hussein K.A. (2012) *Islamic investment: evidence from Dow Jones and FTSE indices, International Conference on Islamic Banking and Finance*, Giacarta.

emessi i sukūk costituiscono veicoli d'investimento che i possessori possono rivendere sui mercati finanziari. La loro flessibilità ne fa un uso privilegiato nella gestione del rischio di liquidità. L'AAOIFI definisce i sukūk come: «*certificati di ugual valore che rappresentano quote indivise nella proprietà di beni tangibili, usufrutto o servizi oppure nella proprietà di beni di alcuni progetti specifici o attività di investimento predeterminate*».[61] La modalità di emissione dei sukūk è simile ad un'operazione di cartolarizzazione, infatti viene creato uno "Special Purpose Vehicle" (SPV), dotato di propria soggettività giuridica e con sede in un paese con favorevoli condizioni fiscali, il quale riceverà, da colui che necessita di capitali (originator), la proprietà di asset a fronte dei quali emetterà i certificati sukūk che verranno venduti agli investitori. Il capitale raccolto servirà a finanziare progetti conformi alla Sharia. L'ente SPV stipulerà un contratto islamico con l'originator, sviluppando diversi tipi di sukūk. Alla scadenza dei sukūk la proprietà del bene sarà riconsegnata all'originario proprietario e gli investitori saranno remunerati a un prezzo tale da poter rimborsare i certificati al valore nominale.

L'AAOIFI ha standardizzato 15 differenti tipologie di sukūk, ma le tipologie di sukūk a cui si fa maggior ricorso sono quelli che si basano sui contratti islamici di *al-ijara*, al-musharaka, al-mudaraba, al-salam e al-istisna. Tali contratti sono tutti conformi alla Sharia ma non tutti sono commerciabili sul mercato secondario. [62]

---

61 AAOIFI, (2008) *Shariah Standards for Financial Institutions*, p. 307.
62 Hamaui, R., & Mauri, R. (2009). *Economia e finanza islamica. Quando i mercati incontrano il mondo del Profeta*. Bologna: Il Mulino.

6. *Le strutture dei sukūk*

Sukūk al-ijara

Sono i certificati più popolari e diffusi al mondo grazie alla loro struttura semplice e all'ampio consenso che trovano presso gli Sharia Board.Sono titoli a rendimento fisso o variabile che possono essere scambiati su tutti i mercati finanziari. L'jiara si presta all'esigenza di un'utile distribuibile ai possessori generato da un attivo tangibile.

Sukūk al-musharaka

Questa struttura offre una soluzione quando un attivo tangibile non è chiaramente identificato. Il promotore di sukūk e il fiduciario condividono il loro apporto in denaro o in natura per partecipare insieme alla proprietà di un attivo sottostante, di un commercio o di un progetto comune. Gli utili della musharaka vengono condivisi tra il promotore di sukūk sul mercato ed il fiduciario con una ripartizione predefinita mentre le perdite sono suddivise a ciascun contraente in funzione del loro apporto.

Sukūk al-mudaraba

Essi non necessitano di un attivo tangibile preventivamente identificato. I finanziatori investono con il loro apporto l'ente da hoc ed il promotore di sukūk, gli utili dell'impresa mudaraba servono a versare le spese di gestione e una quota dei profitti al promotore. In caso di perdita questa incombe interamente sui titolari dei sukūk.[63]

Sukūk al-salam

E' un contratto d'acquisto a pagamento immediato e consegna differita. Il contratto di salam offre una formula utile per mettere con certificati caratterizzati da un orizzonte

---

[63] Snoussi K.J., (2013) *La finanza islamica*, Obarra edizioni.

temporale limitato, permettendo così di emettere sukūk che hanno per oggetto beni facilmente deperibili.[64]

Perché l'emissione dei salam sukūk possa essere considerata conforme alla Sharia è necessario che l'originator ceda al veicolo un pool di assets omogeneo per non incorrere nel divieto di ghārar. L'emittente procede all'emissione dei sukūk, e con i proventi raccolti dalla vendita finanzia l'originator attraverso l'acquisto del pool di assets che verranno consegnati a scadenze predefinite. Quando i beni vengono consegnati, essi vengono rivenduti allo stesso originator che procede immediatamente al pagamento, permettendo così al veicolo di versare l'importo periodico dovuto ai possessori dei certificati.

Sukūk al-istisna

Questo tipo di certificato è generalmente conosciuto come il project bond islamico in quanto permette di strutturare una emissione al fine di reperire capitali necessari alla realizzazione di infrastrutture e impianti. I sukūk al-istisna non hanno avuto un grande successo per la sua complessità. Il contratto di istisna viene spesso associato ad un contratto ijarah: il bene può essere ceduto in leasing all'originator dando origine al forward lease. Il locatario anticipa i canoni dovuti che vengono distribuiti agli acquirenti dei certificati.[65]

---

[64] Visser H. (2013). *Islamic finance: Principles and practice.* Cheltenham: Edward Elgar Publishing
[65] Miglietta F.(2012) *I bond islamici alla conquista dei mercati. Opportunità, rischi e sfide dei sukūk.* Milano

7. *Finanza islamica e finanza etica*

Nella FI il sistema basato su un codice comportamentale etico-religioso non solo ispirato, come nella finanza etica, a valori religiosi, ma regolamentato completamente dalla Legge islamica. Una vera e propria ortoprassia islamica in campo economico.

FI e FE si ispirano entrambe a modelli non di pura competitività tra i soggetti economici, di mera efficienza e di profitto utilitaristico, ma di cooperazione sociale e di complementarietà.

Più che di un'economia "etica" (proposta dalla riflessione cristiana) o "religiosa" (in senso islamico) è auspicabile un recupero di un'"etica economica" al fine dello sviluppo di una società più giusta.

Nel mondo risultano operative 235 banche, di cui 9 nei 27 paesi dell'Unione Europea. Nell'Est Europa la prima banca islamica, Bosna Bank International (con 23 filiali nel paese a fine 2020), è stata costituita in Bosnia nel 2000, da parte della Islamic Development Bank.

L'insediamento della finanza islamica incontra vari ostacoli:

- o Storicamente, la modesta presenza di musulmani sul territorio. La globalizzazione e l'emigrazione rappresentano importanti drivers per la crescita del comparto.

- o Un ulteriore fattore limitativo è dato dalla mancanza di persone specializzate nel settore finanziario.

- o Non meno importante è stato l'effetto negativo che la denominazione "islamico" ha avuto dopo l'attentato dell'11 settembre.

- o I singoli governi non supportano di fatto la diffusione di tale attività.

o Manca una regolamentazione specifica. Le banche islamiche debbono pertanto rispettare la normativa relativa alle banche convenzionali.

o L'Iran rappresenta una significativa eccezione, poiché con un sistema totalmente costituito da banche islamiche, copre circa un terzo del totale attivo di tutto il comparto islamico nel mondo e mostra nel contempo un grado di inclusione molto elevato.

Gli effetti della crisi mostra che vi è spazio per modelli alternativi, portatori di soluzioni nuove e complementari.

L'India ha intrapreso importanti passi verso un sistema finanziario moderno ed efficiente. L'utilizzo effettivo della tecnologia per garantire prodotti e servizi ad una gamma crescente di popolazione e la gestione dei rischi associati, rimane una sfida importanti nel medio termine. Un accesso più facile di investitori stranieri alle banche indiane potrebbero creare maggiore competizione. Le banche pubbliche dovrebbero impegnarsi ad ottenere su base continua livelli di profittabilità e solidità simili a quelli delle banche private. Le riduzioni delle partecipazioni azionarie governative nelle banche di proprietà statale fino a un minimo di 33% potrebbe rafforzare questa situazione.[66]

Infine, mentre il processo di consolidamento è stato prevalentemente confinato a poche fusioni nel settore privato, la rapida crescita nel commercio globale, nei flussi di investimento e nello sviluppo tecnologico suggeriscono opportunità per fusioni transnazionali.

La soluzione per migliorare la situazione è quella della Micro finanza che in India è particolarmente sviluppata e applica strategie specifiche, per andare incontro ai bisogni delle fasce sociali più povere, ubicate soprattutto nelle zone rurali del paese, dove vive ancora una larga parte della popolazione.[67]

In un mondo che procede con un futuro economico incerto ed in cui anche l'India ora è più integrata, sembra però auspicabile una collaborazione tra le istituzioni di

---

[66] Adduci M. (2011)," *L'India contemporanea. Dall'indipendenza all'era della globalizzazione*", Roma, Carocci.
[67] Bhattacharya A. (2010), "Indian Perspectives on IFI Reforms", in *India in the G20: Macroeconomic Policy Coordination, Regulation and Global Governance*, London e New Delhi, CEPR e NCAER

Micro finanza, in modo che il sistema finanziario indiano possa completare il suo processo di maturazione.

Negli ultimi anni la finanza islamica si è inserita in uno scenario finanziario globalizzato. L'innovazione resta il punto forte dell'industria finanziaria islamica e le conferisce un margine di manovra molto importante. L'offerta rimane ancora inesistente a causa dell' assenza di prodotti appropriati alla domanda.

La concorrenza con il settore bancario convenzionale deve spingere le banche islamiche a ricercare una certa competitività ma non deve avvenire con una deviazione dai fondamenti di questa finanza e della rinuncia ai suoi schemi.

Ad oggi la finanza islamica rimane essenzialmente una finanza personalizzata che propone prodotti su misura. Quindi la sfida maggiore consiste nel colmare il solco che separa i valori teorici e le pratiche della finanza islamica. L'apertura sul mercato globale è una nuova tappa da raggiungere nello sviluppo bancario e finanziario.

Occorre che consolidi le sue esperienze e le competenze necessarie per continuare ad innovare e rispondere alla necessità dei suoi utilizzatori senza rinunciare alla sua autenticità e ai suoi principi fondamentali.

Adduci M. (2011)," *L'India contemporanea. Dall'indipendenza all'era della globalizzazione*", Roma, Carocci.

Alvaro S.(2014) *La finanza islamica nel contesto giuridico ed economico italiano.* Quaderni giuridici Consob.

AAOIFI, (2008) Shariah Standards for Financial Institutions, p. 307.

AA.VV.,(2013), *Un rating islamico per società italiane*, Quaderno AIAF n. 156.

Balcet G., Valli V.(2012), *Potenze economiche emergenti: Cine e India a confronto*, Il Mulino, Bologna.

Bhattacharya A. (2010), "Indian Perspectives on IFI Reforms", in *India in the G20: Macroeconomic Policy Coordination, Regulation and Global Governance*, London e New Delhi, CEPR e NCAER

Begg D.,Vernasca G.,Fischer S.,Dornbusch R. (2011), *Economia*, McGraw-Hill

Bouslama G. (2008), *La finance islamique - Rescapée du tsunami des subprimes?*, *in Banque & stratégie.*

Chiarlone S., Ferri G.,(2007) *I sistemi bancari dei paesi emergenti*, Bancaria Editrice, Roma.

Chiarlone S.(2008), *L'economia dell'India*, Carocci Editore, Roma.

Chow G. C., (2012) *Economic Reform And Growth In China*, Annals Of Economics And Finance

Dell'Atti A. - Miglietta F. (2009), *Fondi sovrani arabi e finanza islamica*, Milano.

De Lorenzo Y. (2002), *The religious foundations of Islamic Finance*, in Archer S., Karim A. eds., *Islamic Finance, Innovation and Growth*, Euromoney books and AAOIFI, London.

El Gamal M. (2006), *Islamic Finance. Law, Economics and Practice*, Cambridge University Press, Cambridge-New York.

Ernst & Young (2010),*Islamic Funds and Investments Report.*

Ersilia F.,(2013) *Economia, religione e morale nell'Islam,* Roma, Crocci Editore.

Francesca E. (2013). Economia, religione e morale nell'Islam. Roma, Crocci Editore

Gassner M., Wackerbeck P. (2007), *Islamic Finance - Islam-gerechte Finanzanlagen und Finanzierungen*, Köln, Bank-Verlag Medien GmbH.

Gatto A.,(2010) *Fondamenti etici della finanza islamica*, Bari, Cacucci.

Hamaui R., Mauri M (2009), *Economia e finanza islamica*, Il Mulino, Bologna

Hamaui, R., & Mauri R. (2009). *Economia e finanza islamica. Quando i mercati incontrano il mondo del Profeta. Bologna: Il Mulino*.

Hayat R., Kraeussl R. (2011), *Risk and return characteristics of Islamic equity funds*, in Emerging Markets Review vol.12

Hussein K.A. (2012) *Islamic investment: evidence from Dow Jones and FTSE indices, International Conference on Islamic Banking and Finance*, Giacarta.

Iqbal M., Molyneux P. (2005), *Thirthy Year of Islamic Banking. History, Performance and Prospects*, Palgrave Macmillan, Basingstoke

Iqbal Z., Mirakhor A.(2013), *An introduction to Islamic Finance Theory and Practice*, Wiley Finance, Singapore

Istituto di Studi e Analisi Economica (2007): *Finanza Pubblica e Istituzioni*

Kamali M.A., Uncertainty and Risk-taking (Gharar) in Islamic World (1999), *Paper presentato in occasione della Conferenza Internazionale sul Takaful/Islamic Insurance*, Kuaka Lampur

Kuran T.(2012), *Islam and Mammon, The Economie Predicaments of Islamism*, Princeton University Press.

Lewis M.K., Algoud M.K..(2007), *Handbooks of Islamic Banking*, Edward Elgar, Cheltenham Uk.

Mcmillen M.J.T. – Fagerer R. –.Pikiel JR M.E, *The 2010 Tahawwut Master Agreement: Paving the Way for Shari'ah- Compliant Hedging Products*, Working paper.

Miglietta F. (2004), *Gli investimenti socialmente responsabili*, in L. Anderloni (a cura di), *L'innovazione finanziaria. Osservatorio Newfin 2004*, Bancaria Editrice, Roma

Miglietta F. (2008), *I Principi della finanza islamica*, in C. Porzio (a cura di), *La finanza islamica. Opportunità o minaccia?*", Carefin Università Bocconi.

Miglietta F.(2012) *I bond islamici alla conquista dei mercati. Opportunità, rischi e sfide dei sukūk*. Milano

Napoleoni L. (2008), *Economia canaglia*, Il saggiatore, Milano.

Nayar B.(2014), *India's Globalization: Evaluating the Economic Consequences*, Washington.

RBI, Master Circular,(2013) *Cash Reserve Ratio (CRR) and Statutory Liquidity Ratio*

Reserve Bank of India (2010*)*, *All India rural credit survey: report of the Committee of direction*, Mumbai

Roland C.(2008), *Banking sector liberation in India, Evaluation of reforms and comparative perspectives on China*, Physica, Heidelberg.

Russo T.A.(2014), *Contributo allo studio dei contatti Shari'a compliant. Valori religiosi e meritevolezza degli interessi*, Napoli.

Salvini A., & Miglietta, N. (2014). *Principi di finanza islamica*, Bari, Cacucci Editore

Sharma S.(2012), *Islamic Finance*, SSRN working paper.

Sloman J.,Garrat D.,(2011) *Elementi di economia,* Il Mulino

Snoussi K.J., (2013) *La finanza islamica*, Obarra edizioni.

Subramanian A., (2013), *India's Turn. Understanding the Economic Transformation,* Oxford University Press, New Delhi.

Usmani M, (2002), *An Introduction to Islamic Finance*, The Hague, Kluwer Law International.

Vaghi M. (2011), *Dall'Asia centrale agli Oceani. La politica indiana fra sicurezza e sviluppo economico,* Milano

Vaghi M.,(2012), *L'India e la geopolitica dell'Oceano Indiano: debolezze strutturali e ambizioni globali*, Milano

Valli V, Saccone D. (2009), **"*Structural Change and Economic Development in China and India*"**, The European Journal of Comparative Economics

Varma V, (2008), *Dentro l'India. Potere, ricchezza, tecnologia, nazionalismo*, Lindau, Torino.

Visser, H. (2013). *Islamic finance: Principles and practice.* Cheltenham Edward Elga Publishing.

SITOGRAFIA

http://www.assurance.islamique.com/

http://www.assoconsulenza.eu/Resources/bahrain.pdf

http://www.deloitte.com/assets/DcomItaly/LocalAssets/Documents/Consulting/
Ricerche e pubblicazioni/finanza - islamica. pdf

http://fr.financialislam.com/1/post/2012/12/l-arabie-saoudite-au-premier-mondial-en-
terme-dactifsfinanciers-islamiques.html

http://www.finanzaediritto.it/articoli/finanza-islamica-una-soluzione-per-la-crisi--
10578.html

http://finanzaislamicaitalia.wordpress.com/2013/10/

http://fr.slideshare.net/EzzedineGHLAMALLAH/cahier-de-la-finance-islamique-n4

http://www.gfmag.com/tools/best-banks/12474-worlds-best-islamic-financial-
institutions-2013.html#axzz2t3qe3bbK

http://www.ilsole24ore.com/art/finanza-e-mercati/2013-10-29/la-city-si-apre-sharia-
via-primo-bondislamico-sukūk-200-milioni-sterline-101632.shtml?uuid=AB1VD4Z

http://www.islamitalia.it/islamologia/finanzaislamica.html

http://www.islamicbanker.com/education/sukūk-al-istisna

http://it.ibtimes.com/articles/60294/20131214/sukūk-finanza-islamica-world-islamic-
economicforum-banca-islamica-fondi-sovrani-medio-oriente-emira.htm

http://it.wikipedia.org/wiki/Hawala

http://www.lafinancepourtous.com/Decryptages/Dossiers/Finance-islamique/La-
finance-islamiquedans-le-monde

http://lorettanapoleoni.net/italiano/?p=42

http://www.mifc.com/index.php?ch=28&pg=72&ac=44&bb=uploadpdf

http://www.obbligazionario.com/2750/nozioni-di-base-investire/finanza-islamica/sukūk-ovvero-lafinanza-islamica.html

http://www.obbligazionario.com/2761/nozioni-di-base-investire/finanza-islamica/finanza-islamica-cheatsheet.

http://www.santogne.com/download/pubblicazioni/articolo_mondadori.pdf

http://www.soldionline.it/archivio/saperinvestire/la-questione-energetica/sukūk-le-obbligazioniislamiche

http://www.tradingborsa.info/didattica-di-borsa/4894/cosa-sono-i-sukūk-parliamo-della-finanzaislamica/

http://www.tupponidemarinis.it/Newsletter_AE/Finanza_E_Finanziamenti/Finanza_Islamica_Strumenti_Per_Finanziare_Le_Imprese.kl

http://www.yallaitalia.it/2013/12/sukūk-or-not-sukūk-il-credito-islamico-puo-sostenere-le-pmi italiane/

http://www.standardandpoors.com/spf/upload/Ratings_EMEA/2012-09-01_IslamicFinanceOutlook.pdf

http://ribh.files.wordpress.com/2007/08/Islamic-financeoutlook-2010-standard-poor_s.pdf

https://www.bancaditalia.it/media/notizia/un-sistema-finanziario-per-la-crescita-intervento-di-fabio-panetta

http://www.aaoifi.com/aaoifi/Publications/KeyPublications/tabid/88/language/en-US/Default.aspx #account

http://www.ifsb.org/standard/IFSB-10%20Sharian Governance.pdf.

http://uaelaws.files.wordpress.com/2011/09/tahawwutmaster- agreement-2.pdf.

http://www.lafinanzaislamica.it/

https://www.ishares.com/ch/individual/fr/literature/kiid/kiid-ir-ishii-ishares-msci-emerging-markets-islamic-ucits-etf-ch-ie00b27ycp72-it.pdf?siteEntryPassthrough=true,2015

https*://www.bancaditalia.it/media/notizia/un-sistema-finanziario-per-la-crescita* intervento di Fabio Panetta,2013

http://www.treccani.it/enciclopedia/venture-capital,Dizionario-di-Economia-e-Finanza, 2016.

http://uaelaws.files.wordpress.com/2011/09/tahawwutmaster- agreement-2.pdf